Jutta Fuchs-Häberle
Sichtweisen

Jutta Fuchs-Häberle

Sichtweisen

Auf den Blickwinkel kommt es an

Lyrik

Bibliografische Information der Deutschen Bibliothek
Die Deutsche Bibliothek verzeichnet diese Publikation
in der Deutschen Nationalbibliografie;
detaillierte bibliografische Daten sind im Internet über
http://dnb.ddb.de
abrufbar

Bibliographic information published by
Die Deutsche Bibliothek
Die Deutsche Bibliothek lists this publication in the
Deutsche Nationalbibliografie;
detailed bibliographic data are available in the Internet at
http://dnb.ddb.de

Jutta Fuchs - Häberle – Sichtweisen

1. Auflage
ISBN 978-3-8391-4889-1
© Copyright 2010. Alle Rechte beim Autor.
Printed in Germany 2010

Herstellung und Verlag:

Books on Demand GmbH
Norderstedt

Für alle
Vor allem aber für die, die seit sie
"Wenn die Seele friert – Texte, die das Leben schrieb"
gelesen haben, auf dieses Buch warten.

Inhalt

Sichtweisen –
Auf den Blickwinkel kommt es an

Welche Sicht der Dinge

Habe ich
Hast du

Sind es große, vielleicht geringe

Ist die Sicht falsch oder richtig

Die Frage stellt sich mir
Sie stellt sich dir

Bedeutend oder etwa nichtig

Aus welchem Winkel kommt der Blick

Von wo kommt meiner
Von woher deiner

Aus der Freude oder aus dem Missgeschick

In welche Richtung geht er weiter

Der Blick von mir
Und der von dir

Zurück oder wäre nach vorne nicht gescheiter

Die Sicht der Dinge ist nie gleich

Das gilt für mich
Und auch für dich

Jeder Blickwinkel hat den eigenen Bereich

Doch eines sollten wir beachten

Sag ich zu dir
Und du zu mir

Mit Sicht und Blick das Gute zu betrachten

Julias Welt

Gestern sind wir für kurze Zeit eingetaucht
in Julias Welt.
Eine Welt der Dunkelheit.
Eine Welt,
in der die Augen dir nicht sagen,
ob man fröhlich oder traurig ist.
Eine Welt,
in der keine Augen strahlen.
Eine Welt,
in der du dich nicht in den Augen deines Gegenübers
wiederfindest.
Eine Welt,
in der Augen nicht Bände sprechen.
Eine Welt,
in der dich Augen nicht mahnen, nicht bremsen, nicht
ermutigen.
Eine Welt ohne Farben.
Eine Welt ohne Licht.
Eben eine Welt der Dunkelheit.
Ja, eine Welt der Dunkelheit,
aber keine Welt der Finsternis!
Eine Welt der ausgeprägten Sinne!
Eine Welt der Gefühle!
Eine Welt der Nähe!
Eine Welt der Wärme!
Eben eine bewusst erlebte Welt.
Eine Welt,
in der ich intensiv auf das höre, was du sagst.
Deine Stimme ist mir wichtig.

Eine Welt,
in der es von Bedeutung ist, einander zu berühren.
Deine starken Schultern bieten mir Halt.
Ich bin nicht mehr sorgsam darauf bedacht, dass unsre
Hände aneinander vorbeigreifen,
nein, es ist schön, wenn sie sich gerade ungewollt treffen.
Eine Welt,
in der ich Wärme spüre.
Die Wärme meines Gegenübers, meines Nachbarn.
Die Wärme dessen, der an mir vorübergeht
und dabei vielleicht sogar über meinen Kopf streicht,
um zu spüren, ob ich da bin.
Eine Welt,
in der wir uns gegenseitig helfen.
Du hältst mich fest, bis ich den Platz zwischen euch
gefunden habe.
Eine Welt,
in der ich nicht von tausend Dingen abgelenkt werde,
in der ich nicht von Reizen überflutet werde.
Eine Welt,
in der ich das, was ich tue, ganz und konzentriert tue.
Eine Welt,
in der ich keine Maske zu tragen brauche.

Julias Welt
Eine Welt der Dunkelheit,
aber nicht der Finsternis!
Eine Welt,
die mich neu dankbar sein lässt für mein Augenlicht,
aber auch eine Welt,
die mir zeigt,
wie arm ich trotz dieses Reichtums sein kann

und wie viel ungeahnter Reichtum in Julias Welt vorhanden ist.
Ein Reichtum, den ich mit meinen Augen niemals sehen werde,
weil meine Augen oft viel sehen und doch nichts erkennen.

Julias Welt
Eine Welt der Dunkelheit,
aber nicht der Finsternis!
Eine Welt der ausgeprägten Sinne!
Eine Welt der Gefühle!
Eine Welt der Nähe!
Eine Welt...

Hallo ihr Großen

Hallo ihr Großen hört doch mal her,
sagt uns, warum fällt euch das so schwer?

Das Hören, das Schauen, das Stillesein.
So oft fordert ihr gerade dies von uns ein.

Habt ihr tatsächlich vergessen, wie es geht?
Weil ihr anderes als so viel wichtiger anseht?

Schaut doch mal wieder mit unsern Augen,
Augen, die zum genauen, liebevollen Betrachten taugen.

Wir sehen das Kleine, die Faszination
von Schnecke, Regenwurm und hören den Ton

der summenden Biene im Apfelbaum
und träumen dabei unseren Kindertraum.

Den Traum, zu dem ihr längst nicht mehr steht,
weil er nicht Hand in Hand mit eurem Verstande geht.

Euer Ohr, das hat schon so Vieles gestört,
dass es die sanften Klänge fast überhört.

So schaut uns doch zu und lernt von uns Kleinen.
Lernt es wieder, das befreiende Weinen.

Das Lachen, das Streiten und das Verzeihn,
das Staunen, das Wachsen und Fröhlichsein.

Und dann, wenn eure Herzen wieder offen sind,
so offen und weit, wie bei einem Kind,

dann kommt und lasst uns ein Stück gemeinsam gehn.
Jetzt könnt ihr uns nämlich erst richtig verstehn.

Nun können wir mit euch unseren Kummer teilen,
nun gehen wir gemeinsam den Weg, den oft steilen.

Den Weg, den wir alleine nicht wagen,
vielleicht könnt ihr uns hin und wieder auch tragen?

Tragt uns hin zu dem wunderbaren Licht.
Unsere Augen sehen schon, wie es aus den Wolken bricht.

Jetzt haltet ihr es aus, auch mal keine Antwort zu wissen,
wenn wir fragend zu euch aufsehn aus unserem Kissen.

Und weil ihr es gelernt habt wieder in und mit Kinderaugen
zu sehen,
werdet ihr auch die Botschaft darin verstehen.

Die Botschaft, die von Echtheit, Reinheit und Liebe spricht,
ja auch vor der Wahrheit scheut sie sich nicht.

Die Wahrheit darüber, wie es um uns steht,
weil ein Kind das oft so viel besser als ihr versteht.

So können wir uns gegenseitig helfen und stützen.
Und die gemeinsame Zeit, die uns bleibt, wunderbar nützen.

Sind wir nicht, ihr Großen und wir Kleinen, einander
geschenkt,
von Gott, der immer und auch gerade jetzt an uns denkt?

Ihm können unsere Kinderherzen so leicht vertrauen,
lernt von uns, ihr Großen, wieder neu auf ihn zu schauen.

Ihr schenkt uns eure Liebe, das ist viel,
dafür nehmen wir euch mit, bis an unser Ziel.

Anlässlich Kinderhospizarbeit

Gott - bist du da?

Siehst du mich,
mich kleinen, hilflosen Menschen?

Ja Gott - du bist da!

Du zeigst dich mir
in deiner wunderbaren Schöpfung.

Das endlos weite Meer -
brausend, wogend,
aber auch still und sanft.
Es spricht von dir!
Ich muss nur hinhören.

Der Himmel -
blau oder wolkenverhangen,
mit Sternen übersät,
manchmal dunkel und weinend.
Er zeigt dich mir!
Ich muss nur hinschauen.

Die Leben spendende Sonne -
warm, wohltuend, hell,
ab und zu auch sengend.
Sie lässt mich dich spüren!
Ich muss nur fühlen.

Der Mensch, der mir begegnet -
freundlich, verstehend,

zuhörend, helfend,
mir deine Liebe zusprechend.
Ein Engel - von dir gesandt!
Ich muss nur aufmerken
und ich erfahre:

Ja Gott - du bist da!

Vater Unser

Vater unser, in dem Himmel,
siehst auf dieses Weltgetümmel.
Der Du unsere Namen kennst
und uns Deine Kinder nennst.

Keine Not bleibt Dir verborgen,
nicht die kleinste unserer Sorgen.
Unsre Grenzen, unsre Schranken,
unsern Kleinmut, unser Wanken,
bringen wir vor Deinen Thron:
Hilf uns Jesus, Gottes Sohn!

Du lässt uns nicht lange bitten,
bist ganz tief in unsrer Mitten.
Tröstest uns zur rechten Zeit,
von der Schuld hast Du befreit.

Gibst uns neue Kraft zum Leben,
willst uns wieder Hoffnung geben.
Deine Gnade ist so groß,
für uns Menschen arm und bloß.
Deine Güte weit und tief,
die zu unsrer Umkehr rief.

Vater unser, in dem Himmel,
siehst auf dieses Weltgetümmel.
Der Du unsre Namen kennst
und uns Deine Kinder nennst.

Staunend stehen wir nun hier,
Lob und Dank gebühren Dir.

Jetzt, da alles in uns schweigt,
unser Haupt sich tief verneigt.
Lege auf uns Deinen Segen,
halt uns fest auf unsren Wegen.

Eine Sekunde nur

Eine Sekunde und nicht mehr,
nur eine Sekunde - nichts wie vorher.

Eine Sekunde zu kurz für den Schrei,
nur eine Sekunde - es war vorbei.

Eine Sekunde löst eine Tränenflut aus,
nur eine Sekunde - er kommt nie mehr nach Haus.

Eine Sekunde hat das Du genommen,
nur eine Sekunde - es wird nicht wieder kommen.

Eine Sekunde, keine Zeit fürs Zurück,
nur eine Sekunde zerstört jedes Glück.

Eine Sekunde, die Ohnmacht ist groß,
nur eine Sekunde legt offen und bloß.

Eine Sekunde - denke daran,
was nur eine Sekunde verändern kann.

Die Zeit

Kann sie Wunden lindern
oder Leid vermindern?

Die Zeit

Kann sie Hoffnung geben,
aus der Tiefe heben?

Die Zeit

Kann sie Vergessen schenken
oder neue Wege lenken?

Die Zeit

Kann das alles nicht,
selbst wenn man's sich von ihr verspricht

Die Zeit

Wäre stark gefordert,
wenn man sie zu alle dem beordert.

Die Zeit

Ist nur vergänglich Gut,
die selbst nicht in sich ruht.

Die Zeit

Wurde uns gegeben
als Maßeinheit für unser Leben.

Für ein Leben in Raum und Zeit,
aus dem die Ewigkeit befreit.

Sie leuchtet uns als heller Stern,
die Ewigkeit bei Gott, dem Herrn.

Er, der über unsren Tagen wacht,
ist auf das Heilen der Wunden bedacht.

Er will nicht nur Vergessen schenken,
sondern zur Vergebung lenken.

Er will neue Wege führen,
lässt uns wieder Hoffnung spüren.

Er macht uns bereit für die Ewigkeit
Das kann nur er und nicht

Die Zeit

Ertragen

Ertragen
Aushalten
Erleiden

Kann man
Muss man
Will man

Nicht unterkriegen lassen
Nicht zerbrechen lassen
Nicht klein machen lassen

Aufstehen
Aufblicken
Aufrecht gehen

Kann man
Muss man
Will man

Stark werden
Fröhlich bleiben
Ausstrahlung haben

Leben
Lachen
Lieben

Kann man
Muss man
Will man

Geborgenheit

Geborgenheit ist nicht mehr frieren
Sich nicht mehr in der Angst verlieren
Geborgenheit lässt Wärme spüren

Geborgenheit ist nicht mehr weinen
Sich nicht mehr ganz verlassen meinen
Geborgenheit lässt Sonne scheinen

Geborgenheit ist nicht mehr zagen
Sich nicht mehr mit den Zweifeln plagen
Geborgenheit lässt Neues wagen

Geborgenheit - lasst sie uns geben
Ein jedes Herz will sie erstreben.
Geborgenheit genügt zum Leben

Ein Körnlein Sand

Bin ich doch ein Körnlein Sand
Am endlos weiten Meeresstrand
Ein Körnlein nur, das keiner achtet
Ein Nichts, wenn man's allein betrachtet

Ein Rädchen bin ich im Getriebe
Fehlt es – nichts, nichts stehen bliebe
Ein Rädchen nur ganz klein
Schnell setzte man ein neues ein

Von einer Höhe groß und mächtig
Bin ich ein Pünktchen klein und schmächtig
Ein Pünktchen nur, kaum zu erkennen
Nicht mit Namen zu benennen

Bin ich also klein und nichtig?
Warum nehm ich mich dann so wichtig?
Zum einen stimmt's, zum andern nicht
Denn einen gibt's, der deutlich spricht:

Du bist mein Kind, ich hab dich lieb
In mein Buch ich deinen Namen schrieb
Vor langer Zeit, du warst nicht da
War es, als ich alle deine Tage sah
Mein Leben ließ ich auch für dich
So wertvoll bist du nur für mich
Einen Platz hab ich für dich bereit
Nach dieser kurzen Erdenzeit

Also bin ich kleines Körnchen Sand
Doch in des großen Schöpfers Hand
Ein Rädchen, von ihm ausgedacht
Das sehr wohl Sinn im Getriebe macht
Ein Pünktchen unbeschreiblich klein
Zu dem er sagt: Du bist ganz mein!

Liebesgedicht für eine Stadt

Kannst du die Sonnenblume sehen?
Ganz dicht am Moldauufer stehen?
Gerne möchte ich sie sein
und wachsen hier so ganz allein.

Sie reckt den Kopf zum Sonnenlicht,
schaut, wie es durch die Wolken bricht
und beleuchtet diesen Fluss,
der seit Jahren hier schon fließen muss.

Eine einzig wahre Pracht,
die Gott sich hier für uns erdacht.
Auf die Blume wird wohl keiner achten,
doch sie darf ungestört betrachten.
Viele Tage kann sie hier so leben
und sich den Eindrücken ergeben.

Sie sieht -
wie das Moldauwasser strömt,
auf der Bank am Ufer sich ein Liebespaar verwöhnt.
Die Kanus sacht vorübergleiten,
hört vom Kastell die Glocken läuten.

Blickt sie hoch zur Burg und deren Mauern,
sieht sie Menschen ehrfürchtig erschauern.
Denn - sie schauen auf eine Stadt,
die man träumend wohl erschaffen hat.

Ja, sie ist wie ein Traum,
man vergisst in ihr die Zeit, den Raum.
Diese Stadt ist eine Gedicht,
hat ein unsagbar schönes Gesicht.

Oder wie eine Melodie!
Das Singen der Moldau endet nie.
Ach, sie ist wie ein Bild gemalt,
das nur in hellen Farben strahlt.

Lauschige Fleckchen, gut versteckt,
nur wer sie sucht, sie auch entdeckt.
Mit Gras überwucherte alte Stufen,
die förmlich nach liebenden Augen suchen.

Ein Mühlrad dreht sich hier noch sacht,
hat leise auf sich aufmerksam gemacht.
Brücken aus Stein oder Holz,
zeigen würdevoll und stolz,
wie sie die Ufer verbinden
und somit Trennung überwinden.

So ist die Stadt voller alter Schätze,
voll wild romantischer Aussichtsplätze.
Viele Dächer mit Schindeln bedeckt,
was wohl darunter im Verborgenen steckt?
Wunderschöne Giebel und Fassaden,
darin können die Blicke baden.
Enge, gemütliche Gassen,
kopfsteingepflasterte alte Straßen.

Burg, Kapelle und Kastell,
die Zeit vergeht mir viel zu schnell.
Möchte einfach lange nur so stehen,
still und andächtig alles besehen.

Diese Stadt rührt mich an,
zieht mich ganz in ihren Bann.
Viele habe ich schon gesehen,
doch ich muss mir nun gestehen:
In diese habe ich mich verliebt,
weil es wie sie, keine zweite gibt.
Keine Stadt hat mich so bewegt,
in keiner hat sich so mein Herz geregt.
Keine machte mich so still,
in keiner sagte ich: Ich will,
will wie diese Sonnenblume sein
und hier stehen ganz allein,
um in Ruhe nur zu blicken,
auf die Moldau, ihre Brücken
und zu hören auf ihr Rauschen,
auf das Herz der Stadt zu lauschen.
Jetzt weiß jeder es genau:
Meine Liebe gehört - Krumau.

Das Geheimnis der Sonnenblume

Als die Sonnenblume am Morgen erwachte, hörte sie ein leises Geräusch unter sich im Gras. Vorsichtig beugte sie ihren Kopf so tief es ging hinab in die Wiese, um zu erkennen, was zu ihren Füßen vor sich ging. Was sie sah, ließ sie erstaunen. Es war ein kleines entwurzeltes Gänseblümchen. Es hatte nicht einmal mehr die Kraft aufrecht zu stehen und es weinte leise vor sich hin. Von der Sonnenblume kullerte das letzte Tautröpfchen auf das Gänseblümchen. Erschrocken sah dieses nach oben und sagte: „Oh, entschuldige, ich dachte du schläfst noch. Habe ich dich nun geweckt? Ich wollte eigentlich nicht weinen, aber ich konnte es vor Erschöpfung nicht mehr verhindern."
„Weine du nur", sagte die Sonnenblume mit freundlicher Stimme und strich zart mit dem untersten Blatt an ihrem Stängel über das Gänseblümchen. „Weine, bis es dir leichter wird und dann kannst du mir, wenn du möchtest, deinen Kummer erzählen. Weißt du, auch ich weine ab und zu, nur sieht es keiner, weil sich meine Tränen immer mit den Tautropfen vermischen. So denken alle immer, dass ich eine starke, unerschütterliche Blume bin. Die Menschen erfreuen sich an meinem Strahlen. Sie finden es herrlich, wie ich meinen Kopf zur Sonne drehe und ihnen manchmal in ihrem Kummer ein Vorbild bin. Die Vögel picken voller Freude die Kerne mitten aus meinem Herzen und fliegen dann satt und mit einem fröhlichen Lied davon. Es ist ja auch schön, dass sie durch mich satt werden.
Aber keiner denkt, dass mir manch spitzer Schnabel auch Schmerzen bereiten kann. Keiner stützt mich, wenn der

Kopf schwer wird von allem, was in mir wächst und wartet nur darauf, dass ich mich wieder erhebe, wieder strahle, den Weg zur Sonne und somit zur Wärme weise.

Ja, alle möchten angestrahlt und satt werden und dann sind sie zufrieden."

„Das wusste ich nicht", flüsterte das Gänseblümchen. „Auch ich dachte, dass ich bei dir, der starken, gelben Sonnenblume Hilfe für mein Gänseblümchenherz holen kann. Weißt Du, liebe Sonnenblume, weil du so hoch und erhaben bist, dachte ich immer, dass du es viel besser hast als ich. Ich bin so weit unten im Gras, da werde ich oft übersehen und dann tritt man auf mir herum. Manchmal reißt man mich einfach aus und wirft mich weg. Nur um des Ausreißens und Wegwerfens willen. Selbst die Verliebten tun mir weh. Sie reißen mir jedes einzelne Blütenblättchen aus dem Herzen, nur um zu erfahren, ob sie geliebt werden oder nicht. Sie denken nicht dran, dass auch ich ein Herz habe. Sollen sie sich doch gegenseitig tief in ihre Augen schauen, da steht die echte Liebe geschrieben. Aber vielleicht sehen ihre Augen nicht gut, wenn in denselben ein Gänseblümchen keinen Wert hat.

Am schönsten ist es, wenn mich kleine Kinderhändchen pflücken und in ihren kleinen weichen Fäustchen drücken. Da spüre ich dann Liebe und Wärme und sehe das Strahlen der glücklichen Augen, wenn sie dann ihre Händchen wieder öffnen, um ihr Blümchen einem lieben Menschen zu schenken. Dies ist das Herrlichste, was mir passieren kann. In diesem kleinen Wunder erlebe ich das Vermehren der Liebe, wenn ich ganz vorsichtig in ein Väschen mit frischem Wasser gestellt werde.

Ach liebe Sonnenblume, schau, nun geht es mir schon wieder besser, weil ich dir das alles erzählen durfte. Und

weil du so tröstlich dein Blatt über mich gelegt hast. Dein Tautropfen hat mich auch erfrischt, so dass mein Stängel wieder gerade..." Erschrocken hielt das Gänseblümchen inne: „Oder war es vielleicht gar kein Tautropfen?", fragte es schüchtern. „War es vielleicht eine heimliche Träne? Hat dir jemand weh getan?"
Die Sonnenblume hatte aber mittlerweile ihren Kopf schon wieder der Sonne zugedreht und strahlte das freundliche Lächeln, dass jeder so an ihr schätzte. Sie liebt es ja auch zu leuchten und nur mit den Tautropfen fallen ihre Tränen ins Gras. In das Gras, das dann wiederum durch ihre Tränen grünt.
Allein das kleine Gänseblümchen kannte nun das Geheimnis der starken Sonnenblume.

Tränen

Heiße Tränen
Bittere Tränen

Tränen
Der Wut
Der Verzweiflung

Tränen
Der Trauer
Des Schmerzes

Tränen
Des Mitleids
Der Reue

Tränen
Der Sehnsucht
Des Abschieds

Tränen
Der Freude
Des Glücks

Tränen
...

Tränen - drücken unsere Gefühle aus
Tränen - befreien die Seele von ihrem Druck

Tränen - wir müssen uns ihrer nicht schämen
Tränen - werden von Gott gezählt
Tränen - werden einmal von ihm selbst abgewischt

Die Bibel sagt: Die mit Tränen säen, werden mit Freuden
ernten

Die Sprache aller Sprachen

Du bist in einem fremden Land
und kommst durch fremde Dörfer.
Du gehst durch fremde Straßen
und triffst dort fremde Menschen.
Sie sprechen deine Sprache nicht
Und du auch nicht die ihre.
So steht ihr da und seht euch an
Und jeder fragt:
Was will er mir wohl sagen?

Da fällt dir ein, es gibt sie wohl,
die Sprache aller Sprachen.
Die jeder spricht, der es nur will,
die jeder kennt und auch versteht,
die Sprache die verbindet.

Die Sprache eines Lächelns.

Ein Lächeln nur, das Bände spricht.

Es sagt:
Du bist ein Mensch wie ich,
es ist so gut, dass es dich gibt.
Ich freue mich, dass ich dich sehe
und wenn uns auch die Grenzen trennen,
verbinden uns die Herzen.

Jetzt steht ihr da mit lächelndem Gesicht,
der Fremde und auch du

und in euch zieht die Freude ein,
weil ihr euch nun versteht.

Ein Lächeln von dem Väterlein,
fast ohne alle Zähne.
Doch macht es sein Gesicht so schön,
weil Freude daraus leuchtet.

Die stolze Mutter lächelt auch,
weil du ihr Kind anlächelst.

Ja, all die Kinder um dich her,
mit ihren großen Augen,
die fragend in die deinen sehn,
beginnen hell zu strahlen.
Verstehn sie deine Worte nicht,
dein Lächeln um so mehr.

Sie ist so leicht zu sprechen,
die Sprache aller Sprachen.

Warum vergessen wir so oft,
sowohl bei uns, als auch weit fort
in ihr zu reden?

Was Du für mich bist

Wäre ich ein Komponist

Dann schrieb ich eine Melodie
Am besten eine Symphonie

Darüber, was Du für mich bist

Doch alle Noten, die es gibt
Für die Musik, so heiß geliebt

Sie träfen nicht den rechten Ton

So nähme ich den Pinsel her
Wenn ich ein guter Maler wär

Doch alle Farben lachten Hohn

So warm, so hell, so fein
Könnt' keine einz'ge Farbe sein

Als Schreiber würde ich dann dichten

Doch keins der Worte, die ich fände
Und das die Dichtkunst je erwähnte

Könnten dein ganzes Sein gewichten

Ich kann es nur im Herzen fassen
Dort möchte ich es ruhen lassen.

Großmutter

Großmutter,
nun bist du gegangen.
Dorthin, wo du schon lange sein wolltest.
Dorthin, wo es kein Leid und keine Tränen mehr gibt.
Dorthin, wo es keinen Streit und keinen Tod mehr gibt.
Dorthin, wo Jesus, an den du glaubtest auf dich wartete.
Dorthin, wo er dich in die Arme nahm und sagte:
„Nun ist alles gut!"

Großmutter,
du wirst mir fehlen.
Wer wird mich nun bei dem, von dir erdachten Kosenamen
nennen?
Wer wird mir wieder das Gefühl des Kindes geben,
das bei der Großmutter geborgen ist?
Wer hat nun einen Platz für mich, an dem ich nicht groß und
stark sein muss?
Wer wird nun so treu die Hände für mich falten, wie du es
tatest?

Großmutter,
für all das und noch viel mehr
bin ich dir von Herzen dankbar!

Großmutter,
dort, wo du nun bist, möchte auch ich einmal sein.
Und bis dahin wünsche ich mir,
dass der Segen, den du in mein Leben gelegt hast,
weiter fließen kann.

Weißer Flieder

Weißer Flieder
Schwerer Duft
Er blüht wieder
Tränkt die Luft

Helle Pracht
Für alle Sinne
Süße Macht
Hält niemals inne

Steh und staune
Atme sacht
Frühlingslaune
Kommt mit Macht

Impressionen am Strand

Ein Liegestuhl, ein Buch
Wellengesang
Meerestang
im Wind flattert sacht ein Tuch

Eine Frau mit Sonnenhut
Urlaubstraum
Poetenraum
Alles wird hier wieder gut

Ruhe und Stille
Kieselsteine
Braune Beine
Blicke durch die Sonnenbrille

Sanftes Rauschen
Vergessen
Ermessen
Nach Innen lauschen

Unendlichkeit am Horizont
Sonne
Wonne
Spüren das Gott hier wohnt

Das Sternenzelt als Dach
Geborgenheit
Gemeinsamkeit
Die Sonne küsst mich wach

Impressionen am Strand
Leben
Geben
Gottes Liebe neu erkannt

Zwischen Himmel und Meer

Zwischen Himmel und Meer

Oben
der Himmel - blau, weit und unendlich.
Unten
das Meer - tief, rauschend und gewaltig.
Dazwischen
auf dem Felsen – ich - klein und unbedeutend.
Um mich
der Wind - stark und mitreißend.

Die Natur in ihrer ganzen Macht, Gewalt und Schönheit
begegnet sich hier.
Der Himmel, das Meer, die Felsen, der Wind und ich.
Teile einer wunderbaren Schöpfung treffen zusammen.

Fühle ich mich klein im Angesicht der Weite des Himmels
und des Meeres?
Fühle ich mich schwach bei der Stärke des Felsens und des
Windes?

Ja und doch auch wiederum nein.
Im Auge eines entfernten Betrachters,
bin ich wohl nur ein kleiner Punkt in diesem gigantischen
Bild.
Mit meinen Augen sehe ich nur die beeindruckenden
Naturgewalten.
Scheinen mir Himmel, Meer, Fels und Wind auch
unbezwingbar
und haben sie schon viele Menschen kommen und gehen
sehen,

so bin ich es doch, der eine Seele hat.
Ich kann und darf den Wind und das Wasser fühlen.
Ich sehe die Wolken am Himmel ziehen und die Gischt
spritzen.
Ich nehme die Eindrücke in meinem Herzen mit.
Ich bin der Beschenkte.
Irgendwie gehe ich gestärkt aus dieser Begegnung hervor
und lasse den Felsen über dem Meer alleine zurück.
Gehe unter dem Himmel und mit dem Wind im Rücken
weiter.

Dabei danke ich Gott für seine wunderbare Schöpfung,
von der ich kein unbedeutender Teil bin.

Cinque Terre

Abschied vom Meer

Noch einmal ganz alleine am Meer stehen
Abschied nehmen

Abschied nehmen
Von der unendlichen Weite
Vom beruhigenden Klang der Wellen
Von den Träumen, in der Tiefe versenkt

Noch einmal hinein waten
Nur bis zu den Knöcheln
Die Augen schließen
Fühlen, hören, riechen

Das Meer ist zum Abschied aufgewühlt
Aufgewühlt wie die Seele

Die Wellen kommen mächtig angerollt
Flachen rechtzeitig ab
Nur die Gischt macht nass

Der Sand wird unter den Füßen weggespült
Schön und beängstigend zugleich

Der Blick zum wolkenverhangenen Himmel
Traurig und abschiedsschwer
Doch obwohl die Wolken Unwetter verkünden
Bricht ein Sonnenstrahl aus ihnen hervor
Ein Strahl der Hoffnung und Wärme

Abschied vom Meer
Das Meer hat eine Abschiedsbotschaft überbracht

Wenn auch hohe Wellen auf dich zukommen
Wirst du nicht von ihnen überrollt
Sie werden dich wohl benetzen
Aber nicht ertränken

Auch wenn du das Gefühl hast
Den Boden unter den Füßen zu verlieren
Wirst du nicht fallen
Vielleicht schwanken
Aber dennoch stehen

Die dunkelsten Wolken
Müssen der Kraft des Sonnenstrahls nachgeben
Des immer wiederkehrenden Hoffnungsstrahls

Abschied vom Meer

Glücksstadt in der Wüste

Mondäne Bauwerke
Teure Kleider
Schnelle Autos
Schrille Geräusche
Funkelnde Lichter
Glitzernde Sinnesreize
Rastloses Treiben
Unermüdliches Jagen
Gezeichnete Gesichter

Glücksstadt in der Wüste?

Las Vegas

Haschen nach Wind

Zur Ruhe kommen – auf Gott vertrauen
Das nennt man auf einen Felsen bauen

Jagen und suchen mit unsteter Hand
Ist ein Leben, gebaut auf den Sand

Liegt Glück im Haschen nach Wind?
Nein! In der Stille vor Gott, als sein Kind

Drum reich ich Ihm gern meine zagende Hand
Er führt mich sicher heim in sein Land

Wird mir der Weg auch manchmal schwer
Seine Treue verlässt mich nie mehr

Sonnenaufgang in der Wüste

Sonnenaufgang in der Wüste

Wüste
Heiß, öde, leer, trostlos?

Wüste
Ruhig, friedlich, von Farbe erfüllt!

Wenn die Sonne aufgeht am Morgen
und die Schönheit der Wüste beleuchtet.
Wenn sie die Decke der Nacht beiseite schiebt.

Gerade das vermeintlich Öde und Trostlose der Wüste
schärft das Auge für die darin verborgene Schönheit.

Sonnenaufgang in der Wüste:
Atemberaubendes Schauspiel.
Nach jeder Nacht neu zu erleben.
Auch nach der Nacht deiner Wüste.

Bryce Canyon

Bryce Canyon

Bizarre Schönheit

Sind es Klöster oder Kirchen,
ist es ein Dom oder ein Schloss, sind es Reste eines
Bergfrieds oder eines Römertempels,
die hier rosafarben, ocker oder gelb aus den Schluchten
ragen?

Bizarre Schönheit

Sind es Könige oder Mütter mit Kindern,
ist es eine Madonna oder ein Eremit,
sind es Männer bei einer Konferenz oder etwa Liebespaare,
über denen gerade die Sonne aufgeht
und die ihre Schatten in den Canyon werfen?

Bizarre Schönheit

Das Auge des Betrachters, der hier staunend, fast andächtig
steht,
kann eine unendliche Vielfalt entdecken.
Eine Vielfalt, die sich je nach Blickwinkel noch
multipliziert.
Der Fantasie sind keine Grenzen gesetzt.
Ein Platz der Inspiration.

Bizarre Schönheit

Der Mensch wird hier ruhig.

Ruhig weil es keinen Lärm gibt.
Er geht langsam.
Langsam, weil kein Raum für Hektik ist.
Er staunt.
Staunt über die Einzigartigkeit der Schöpfung.
Er denkt nach.
Denkt nach über das Leben und über Gott.
Er lächelt.
Lächelt über den Humor und den Einfallsreichtum des
Schöpfers.
Er freut sich.
Freut sich darüber, dass er, so winzig im Angesicht dieses
Naturwunders,
doch so wichtig und bedeutend für Gott ist.

Bizarre Schönheit – Bryce Canyon

Faszination Regenbogen

Heute waren es sogar vier.
Vier leuchtende Bögen am Himmel.
Ein wunderbares Naturschauspiel.
Leuchtende Farbenpacht -
in Rot, Orange, Gelb,
Grün, Blau und Violett

Der Himmel beginnt wieder zu leuchten.
Die Sonne hat den Sieg errungen.
Das Dunkle und Trübe,
das Nasse und Kalte ging zwar voraus,
aber am Ende war das Schöne,
das Leuchten und die Farben.

Faszination Regenbogen!

Ein Bogen der Hoffnung vermittelt!
Hoffnung, dass letztlich das Gute und Schöne siegt.
Nicht nur in der Natur,
sondern auch in unserem Leben.

Wenn wir auch manchmal im Regen stehen
und der Sturm uns zu entwurzeln droht,
Blitz und Donner uns erschrecken,
so bleibt bei allem die Hoffnung.

Es bleibt Farbe und Licht
und beide leuchten auf dunklem Hintergrund besonders hell.
Man sieht den Bogen, wenn man den Blick nach oben
richtet
und dann spiegelt er sich in unseren Augen wieder

Faszination Regenbogen!

Herbstnebel

Herbstnebel hinterlässt seine Spur
Sanft umhüllt er die Natur

Bunte Blätter an dem Baum
Tragen Schleier wie im Traum

Gedämpftes Leuchten der letzten Blume
Weiße Schwaden auf gepflügter Erdenkrume

Leise schleicht er um das Haus
Macht ein Märchenschloss daraus

Er lässt uns alles weicher wähnen
Benetzt das Land mit seinen Tränen

Herbstnebel bedeckt alles was noch blüht
Sanft umhüllt er das Gemüt

Doch wenn die Sonne dann erwacht
Zerschmelzen die Gespinste dieser Nacht

Die Schleier werden aufgelöst
Die Natur vom Märchenschlaf erlöst

Alles leuchtet nochmals hell
Denn der Abend kommt sehr schnell

Die Natur kommt neu zur Ruh
Wieder deckt sie weicher Nebel zu

So wird er alsbald weiter schmeicheln
Jedes Blatt vom Baum abstreicheln

Letzte Blüten wird er wiegen
Bis sie dann dem Schlaf erliegen

Herbstnebel zieht seine stetige Bahn
Doch denke immerzu daran:

Hinterlässt er Spuren in Natur und Gemüt
Es kommt ein Frühling und alles blüht!

Herbstgedanken

Auf sanfte Töne lauschend,
so sitz ich hier.
Den Blick auf den Kerzenschein richtend,
doch auch tief in mich hinein.

In mir vereint lebt
die Sehnsucht und das Glück,
die Freude und der Schmerz.
Eingehüllt in Wehmut.
Eingebettet in die Frage:
Was wird sein?

Zu Boden sinken,
lautlos, sacht,
wie das Herbstblatt vor meinem Fenster.
Farbe, Anmut verströmend,
um dann still zu sterben –
ist es das, was mein Herz wünscht?
Will es fliehen vor dem Schmerz,
der tief im Herzen verborgen liegt?

Möchte es sich vom Wind verwehen lassen?
Weit weg von dem starken Baum,
an dem es grünte?
Dorthin, wo es keiner mehr findet?
Ohne Spuren zu hinterlassen?
Ist es das, was mein Herz will?

Ja – und doch auch nein!

Es will aushalten,
will ertragen,
will leuchten,
will da sein.
Da sein für die Menschen,
da sein für Dich.
Will bleiben,
so lange es gebraucht wird,
so lange sein Schöpfer es hier haben möchte.

Und dann –
Dann darf es getrost zu Boden sinken.
Im Fallen noch Träume vermitteln.
Im Davonflattern noch Kinderaugen leuchten lassen.
Ihr Jauchzen hören,
wenn sie es erhaschen wollen.

Ja, so soll es werden.
Nach dem letzten Herbst.
Ist es dieser,
wird es der nächste sein?
Wird es noch viele geben?

Diese Frage lege ich getrost in SEINE Hand.
ER weiß!
ER weiß auch,
wie viel Wehmut sein Herbstblatt-Kind ertragen kann.

Er selbst hat es bemalt,
mit seinem Pinsel.
Mit sanften, hellen Tönen hier,
mit blutroten dort.

Das Dunkle in der Mitte,
es ist nicht hässlich.
Nein!
Es sieht aus, wie eingebrannt.
Aber wie gut verbindet es sich
mit dem herzerwärmenden Orange.

Gott, der Maler, weiß,
wie er auf sein Herzblatt malen muss.
Und er malt,
er malt in seiner unerschöpflichen Farbfantasie.

Ich bitte ihn nur:
„Nimm nicht so schwere Farben,
damit ich am Ende noch schweben kann."

Schneeflocken

leicht
weich
leise
verträumt
tänzelnd

schweben sie zur Erde

Schneeflocken

umhüllen das Grau für kurze Zeit
mit ihrem strahlenden Weiß

Schneeflocken

leicht
weich
leise
verträumt
tänzelnd

schweben sie zur Erde

Könnte mein Leben wie eine Schneeflocke sein

leicht
weich
leise
verträumt
tänzelnd

So denke ich
- manchmal -
wenn ich die Schneeflocken beobachte
mit verträumtem Blick

Doch -
die Schneeflocke zergeht
Hin und wieder schon bevor sie den Boden berührt
Sie deckt das Grau nur zu
Von kurzer Dauer ist ihre Pracht
Sie hinterlässt keine Spuren

Das Leben ist nicht

Leichtigkeit
Weichheit
Träumerei
Tanz

Das Leben ist mehr!

Mein Leben soll nicht nur dahin schweben
Es soll Graues nicht nur für kurze Zeit zudecken
Leichtigkeit hinterlässt keine Spuren
Das Schwere gibt uns das Gewicht Spuren zu hinterlassen

Ich wünsche mir
dass mein Leben da und dort winzige gute Spuren
hinterlassen kann.

Ich freue mich an den Schneeflocken

leicht
weich
leise
verträumt
tänzelnd

schweben sie zu Erde

Sie schenken mir Träume
um mich dann wieder der Realität stellen zu können

Weihnacht

Weltnacht

Umweg
Abweg
Irrweg

Weihnacht

Ausweg
Rückweg
Heimweg

Weihnacht zeigt den Weg aus der Weltnacht
In deren Ohnmacht gegen die Weltmacht

Jahreswende

Beenden   -   beginnen
Innehalten   -   weitergehen
Vergessen   -   besinnen
Zurück und nach vorne sehen

Betrauern   -   sich freuen
Gelassen sein -   erstreben
Stolz sein   -   bereuen
Sich und anderen vergeben

Feststehen   -   wanken
Beglückt sein -   betroffen
Erbitten   -   bedanken
Beschließen und Neues erhoffen

Gedanken   -   Gefühle, am Jahresende
Wir falten die unseren und legen alles, Gott, in deine Hände.

Abendgebet einer Mutter

Abendstunde senkt sich nieder
Müde sind die Augenlider
Müde auch das arme Herz
Hat erfahren Freud und Schmerz

Möcht' das Haupt nun legen sacht
In des Vaters gute Wacht
Vater, stille unsern Kummer
Schenke Frieden unserm Schlummer

Tröste Du auch unsre Kinder
Sie bedürfen Dein nicht minder
Vater, schenk du ihnen Ruh
Schließen sie die Augen zu

Dass der Kummer sie nicht plage
Nach der Unruh dieser Tage
Dass sie Deine Liebe merken
Und darin ihr Herz verbergen

Schütze Du Herr ihre Seelen
Möchte sie Dir anbefehlen
Weißt, wo sie durch mich gelitten
Möchte um Vergebung bitten

Heile Du doch ihre Wunden
In den späten Abendstunden
Dass kein Kummer und kein Plag
Ihren Schlaf zerstören mag

Wünsche für den neuen Morgen
Dass das Weh und alle Sorgen
Drücken nicht auf ihre Brust
Schenk Du neue Lebenslust

Mein Psalm

Über Bitten und Verstehen,
lässt der Herr uns Gutes sehen.
Allen Mangel füllt er aus,
zieht uns in sein Vaterhaus.

Unsern Kummer stillt er gern.
Niemals, niemals ist er fern.
Will uns segnen überreich,
keine Liebe ist ihm gleich.

Tröstet uns in seiner Güte,
wird des Hörens niemals müde.
Jeden Morgen ist sie neu,
seine unbegrenzte Treu.

Möcht' ein Vater für uns sein,
sind wir doch oft arm und klein.
Führt uns sicher durch das Tal,
wo der Weg so schrecklich schmal.

Hilft uns tragen unsre Last,
gönnt uns hin und wieder Rast.
Können wir ihn auch nicht sehen,
wird er immer mit uns gehen.

Fehlt uns manchmal auch das Spüren,
trotzdem wird er sicher führen.
Führen uns an seiner Hand,
heim zu ihm ins Vaterland.

Dort nimmt er uns in den Arm,
weg ist Leiden, Not und Harm.
Unsre Tränen wischt er ab.
Sagt: „Wie lieb ich dich doch hab!"